BEI GRIN MACHT SICH IHR WISSEN BEZAHLT

- Wir veröffentlichen Ihre Hausarbeit,
  Bachelor- und Masterarbeit

- Ihr eigenes eBook und Buch -
  weltweit in allen wichtigen Shops

- Verdienen Sie an jedem Verkauf

**Jetzt bei www.GRIN.com hochladen
und kostenlos publizieren**

Persönlichkeitspsychologie. Gütekriterien, Paradigmen, Intelligenz und Kreativität

Nadine Zippusch

Bibliografische Information der Deutschen Nationalbibliothek:

Die Deutsche Nationalbibliothek verzeichnet diese Publikation in der Deutschen Nationalbibliografie; detaillierte bibliografische Daten sind im Internet über http://dnb.d-nb.de abrufbar.

ISBN: 9783346850799
Dieses Buch ist auch als E-Book erhältlich.

Einsendeaufgaben

Aufgabennummer:

C

SRH Fernhochschule

Modul:

Persönlichkeitspsychologie

Studiengang:

Psychologie B.Sc.

Verfasserin:

Nadine Zippusch

2

Inhaltsverzeichnis

Abbildungsverzeichnis

4

Tabellenverzeichnis

Abkürzungsverzeichnis

ICD: Internationale Statistische Klassifikation der Krankheiten

DSM: Diagnostisches und Statistisches Manual Psychischer Störungen

APA: American Psychiatric Association

TTCT: Torrance Test of Creative Thinking

KIK: Kreativitäts- und Innovationsfreundliches Klima

1   Aufgabe C1

In der ersten Aufgabe befasst sich das Unterkapitel 1.1 mit der Erläuterung der klassischen Gütekriterien für Testverfahren. Dies soll am Beispiel von Persönlichkeitstests erfolgen. Im Anschluss kommt es im Unterkapitel 1.2 zur Auseinandersetzung mit Persönlichkeitsstörungen. Dabei wird die vermeidend-selbstunsichere Persönlichkeitsstörung aus dem Cluster C genauer erklärt.

1.1   Gütekriterien für Persönlichkeitstests

Seit Jahrzehnten setzt sich in der Persönlichkeitsforschung ein statistisch-empirisches Verfahren durch. Hierbei werden Persönlichkeitstests als psychometrische Werkzeuge eingesetzt und die Ausprägung von individuellen Persönlichkeitseigenschaften gemessen. Die Messungen sollen Schlussfolgerungen auf emotionale und motivationale Verhaltensaspekte außerhalb der Testsituation ermöglichen. Der Persönlichkeitstest besteht aus Items, welche inhaltlich einer Skala zugeordnet werden. Durch die Beantwortung mehrere Items kann auf das zu erfassende Merkmal rückgeschlossen werden. Es gilt jedoch zu beachten, dass immer nur Teilaspekte der Persönlichkeit aufgezeigt werden können (Simon, 2006, S. 18, 31, 36, 41; Rentzsch & Schütz, 2009, S. 76-78). Inzwischen gibt es aufgrund vieler Anbieter ein großes Testangebot für unterschiedliche Einsatzgebiete. Diese sind neben der klinischen Psychologie auch die Personalauswahl und -entwicklung. Die Tests unterscheiden sich hinsichtlich ihrer wissenschaftlichen Ausrichtung (Hossiep & Mühlhaus, 2015, S. 1-2).

Zur Erreichung einer wissenschaftlichen Fundierung, müssen eine Reihe von Qualitätsanforderungen eingehalten werden. Diese Anforderungen basieren auf internationalen einheitlichen Standards und werden auch als Gütekriterien bezeichnet. Sie bestehen aus den drei klassischen Hauptgütekriterien Objektivität, Reliabilität und Validität, welche in dieser Aufgabe näher erläutert werden. Außerdem gibt es Nebengütekriterien wie zum Beispiel die Skalierung, Normierung, Testökonomie, Nützlichkeit, Zumutbarkeit, Unverfälschbarkeit und Fairness (Moosbrugger & Kelava, 2020, S. 16, 17; Kubinger, 2003, S. 195-204).

Unter Objektivität versteht man die Anwenderunabhängigkeit eines Persönlichkeitstests. Ein Test ist unter der Voraussetzung objektiv, dass verschiedene Anwender die gleichen Ergebnisse bei denselben Personen erzielen. Dies wird erfüllt, indem präzise Angaben und Hilfestellungen aus dem Testmanual eingehalten werden. Die Testphasen Durchführung, Auswertung und Interpretation können die Objektivität stören. Dementsprechend erfolgt eine Aufteilung in drei Untergruppen. Die Durchführungsobjektivität ist gegeben, wenn der Persönlichkeitstest immer unter den gleichen Bedingungen abgewickelt wird. Bedingungen, welche sich auf das Testverhalten auswirken können, sind beispielsweise die Bearbeitungszeit oder der Umgang mit Fragen und Störungen. Die Auswertungsobjektivität gibt vor, dass der Test immer nach denselben Regeln auszuwerten ist. Der Einsatz von standardisierten Antwortmöglichkeiten, denen numerische Werte zugewiesen werden, ermöglicht eine semi-automatische Untersuchung mit Schablonen. Zudem kann eine vollautomatische Auswertung mit computergestützten Programmen die Objektivität verbessern. Die ausgewerteten Rohdaten werden danach interpretiert, indem ihnen eine Bedeutung gegeben wird. Zur Sicherstellung der Interpretationsobjektivität sollte bekannt sein, welche Schlussfolgerungen zulässig sind. Mithilfe von Normtabellen können die Testergebnisse zum Beispiel als über- oder unterdurchschnittlich eingeordnet werden (Döring & Bortz, 2016, S. 442-443; Krumm, Schmidt-Atzert & Amelang, 2021, S. 133-136).

Das Gütekriterium der Reliabilität gibt an, wie präzise und zuverlässig der Persönlichkeitstest ein bestimmtes Merkmal misst. Sie kann durch eine hohe Objektivität gesteigert werden. Zur Ermittlung der Reliabilität stehen verschiedene Methoden zur Verfügung. Bei der Re-Test-Methode wird ein Test an verschiedenen Zeitpunkten mit denselben Personen wiederholt und im Anschluss der Korrelationskoeffizient berechnet. Dieser würde bei einem vollständig reliablen Test den Idealwert +1 ergeben und einen Zusammenhang zwischen den beiden Messergebnissen ausdrücken. In diesem Fall erreichen in einem weiteren Testdurchgang dieselben Probanden die höchsten und niedrigsten Werte. Im Gegensatz dazu weist ein vollständig unreliabler Test einen Korrelationskoeffizienten von 0 auf. Anstatt denselben Test zu wiederholen, können äquivalente Paralleltests durchgeführt werden. Die Paralleltestmethode reduziert Einflüsse, welche durch das Erinnern an die Testfragen entstehen. Generell kann eine Re-Test- Reliabilität nur bei der Messung von stabilen Persönlichkeitseigenschaften erreicht werden. Mit der Testhalbierungsmethode bzw. der Split-Half-Methode wird die interne Reliabilität bzw. die Konsistenz der Antworten innerhalb eines Persönlichkeitstestes ermittelt (Assen, 2019, S. 34; Gerrig & Zimbardo, 2008, S. 328). Sie kommt mit nur einem Testdurchgang aus, da die bereits bestehende Skala in zwei gleichwertige Subskalen mit jeweils der Hälfte der Items aufgeteilt wird. Dabei gilt es auf die Homogenität der Items zu achten, welche für eine Messung desselben Persönlichkeitsmerkmals sorgt.

Um den Test zu halbieren, gibt es unterschiedliche Verfahren. Neben der Aufteilung in erste versus zweite Testhälfte, oder gerade versus ungerade Itemnummern ist eine Aufgliederung nach Itemkennwerten möglich. Als Kennwert kann zum Beispiel der Mittelwert dienen. Mit der Konsistenzanalyse kommt es zu einer Erweiterung der Split-Half-Methode. Hierbei werden nicht nur zwei Subskalen, sondern alle Items des Persönlichkeitstests miteinander korreliert. Zur Berechnung der internen Konsistenz wird häufig die Formel des Alpha-Koeffizienten nach Cronbach herangezogen (Rammstedt, 2010, S. 246-248).

Die Validität bezeichnet die Gültigkeit und Genauigkeit eines Persönlichkeitstests. Sie gibt an, ob tatsächlich das Merkmal gemessen wird, was gemessen werden soll (Himme, 2009, S. 485). Unter den drei Hauptgütekriterien nimmt sie die wichtigste Rolle ein. Sie beschreibt das Ausmaß von Evidenz und Theorie zur Untermauerung der Interpretation von Testwerten. Da sich die Validität immer nur auf bestimmte Interpretationen bezieht, kann ein Test nicht generell als valide gelten. In der Praxis ist die Verwendung von drei Validitätsarten gebräuchlich. Die Inhaltsvalidität gibt die repräsentative Auswahl der Items zur Messung des Persönlichkeitsmerkmals an (Krumm et al., 2021, S. 157-158; American Educational Research Association, American Psychological Association & National Council on Measurement in Education, 2014, S. 11). Dabei stützt sie sich auf theoretisch-argumentative Überlegungen von Fachexperten. Weiters bezeichnet die Kriteriumsvalidität eine positive Korrelation von Testwert mit mindestens einem inhaltlich korrespondierenden und außerhalb der Testsituation liegenden Merkmal. Als reliables und valides Außenkriterium kann bei Persönlichkeitstests die Selbsteinschätzung der betreffenden Eigenschaft verwendet werden. Je nachdem, wann das Außenkriterium erhoben wird, unterscheidet man drei Formen der Kriteriumsvalidität. Während bei der retrospektiven Validität der Kriteriumswert vor dem Testwert erhoben wurde, kommt es bei der prognostischen Validität zu einer nachträglichen Erhebung. Bei der konkurrenten Validität existiert ein gleicher Messzeitpunkt. Die inkrementelle Validität ist eine spezifische Form und wird selten geprüft. Hierbei kann durch das Hinzuziehen der neuen Skala das Außenkriterium besser vorhergesagt werden als mit der bestehenden Skala (Döring & Bortz, 2016, S. 446-447, 471). Die Konstruktvalidität ist die dritte Validitätsart und gibt an, wie adäquat das zu Grunde liegende Konstrukt quantifiziert werden kann. Sie wird aufgrund der Art der Quantifizierung in drei Untergruppen aufgeteilt. Bei konvergenter Validität korreliert beispielsweise ein neues Maß für Depression positiv mit validen Maßen, welche das Konstrukt der Depression definieren. Die entgegengesetzte divergente Validität besagt, dass dieses neue Maß nicht mit Merkmalen außerhalb des Konstrukts der Depression korreliert. Faktorielle Validität besteht, wenn sich die inhaltlich zu einem Konstrukt gehörenden Items auch bei statistischer Analyse dem Konstrukt zuordnen lassen. (Gerrig & Zimbardo, 2008, S. 329-330; Schwaighofer, Heene & Bühner, 2019, S. 479)

Nach der Definition des Begriffs Persönlichkeitstest beschäftigte sich das Kapitel 1.1 mit den Hauptgütekriterien Objektivität, Reliabilität und Validität. Diese sind essentiell für eine wissenschaftliche Fundierung und wurden mit ihren jeweiligen Unterformen kurz erläutert.

1.2 Vermeidend-selbstunsichere Persönlichkeitsstörung

Eine Persönlichkeitsstörung wird auf der Basis der Internationalen Statistischen Klassifikation der Krankheiten (ICD) und des Diagnostischen und Statistischen Manuals Psychischer Störungen (DSM) diagnostiziert. Die ICD wurde inzwischen in der 11. Revision von der Weltgesundheitsorganisation (WHO) herausgegeben. Das DSM von der American Psychiatric Association (APA) gibt es in der 5. Version. Beide Klassifikationssysteme konzentrieren sich auf eine einheitliche Bereitstellung von Störungskriterien. In der ICD werden sämtliche medizinische Erkrankungen erfasst und mit einem Code versehen. Dieser fungiert zum Beispiel als verpflichtendes Abrechnungsinstrument für Ärzte. In Kapitel V (F) kommt es zur Auflistung von psychischen Störungen. Das DSM klassifiziert ausschließlich psychische Störungen und gilt mit genaueren Operationalisierungen als Referenzwerk für die Forschung. (Hogrefe Verlag, 2016)

Als Ursache von psychischen Störungsbildern können primär äußere Krisen und Stress angegeben werden. Sie können aber auch durch eine extreme Ausprägung von Persönlichkeitsmerkmalen entstehen, wie es bei Persönlichkeitsstörungen der Fall ist. Diese werden dem Cluster A (sonderbar/exzentrisch), Cluster B (dramatisch/emotional) oder Cluster C (ängstlich/furchtsam) zugeordnet. Zur Diagnose einer Persönlichkeitsstörung müssen die Kriterien aus Tabelle 1 erfüllt sein (Barnow & Miano, 2020, S. 1300-1302).

Allgemeine diagnostische Kriterien für die Persönlichkeitsstörung
Betroffene zeigen Muster im Erleben und Verhalten, die von den kulturellen Erwartungen der individuellen Umgebung abweichen. Dies muss sich in zwei oder mehr der folgenden Bereiche äußern:
■ Kognition
■ Affektivität
■ Interpersonelle Funktionalität
■ Impulskontrolle
Außerdem müssen die Muster:
■ dauerhaft, unflexibel und über ein breites Spektrum an Situationen stabil sein
■ Leidensdruck oder Beeinträchtigungen in zum Beispiel sozialer oder beruflicher Hinsicht verursachen
■ über einen langen Zeitraum vorliegen sowie einen Beginn im Jugend- oder frühen Erwachsenenalter aufweisen
■ kein Bestandteil oder Folge einer anderen psychischen Störung sein und
■ keiner physiologischen Wirkung einer Substanz oder einer anderen medizinischen Erkrankung zuordenbar sein

Tabelle 1: Allgemeine Kriterien für die Persönlichkeitsstörung
(Eigene Darstellung, in Anlehnung an APA, 2013, S. 646-647)

In dieser Arbeit wird die vermeidend-selbstunsichere Persönlichkeitsstörung genauer erklärt. Sie gehört neben der abhängigen und zwanghaften Persönlichkeitsstörung zum Cluster C, welches angstbezogene Störungsbilder zusammenfasst. Die vermeidend-selbstunsichere Persönlichkeitsstörung ist von der sozialen Angststörung abzugrenzen. Für ihre Diagnose müssen neben den allgemeinen Kriterien für die Persönlichkeitsstörung aus Tabelle 1 auch spezifischen Kriterien aus Tabelle 2 erfüllt sein (Caspar, Pjanic & Westermann, 2018, S. 135-136).

Spezifische Kriterien für die vermeidend-selbstunsichere Persönlichkeitsstörung
Betroffene zeigen Muster von sozialer Gehemmtheit, Gefühlen der Unzulänglichkeit und Überempfindlichkeit gegenüber negativer Bewertung. Dies muss sich in vier oder mehr der folgenden Bereiche äußern:
■ Vermeidung von beruflichen Aktivitäten mit engen zwischenmenschlichen Kontakten aufgrund der Angst vor Kritik, Missbilligung oder Ablehnung

Spezifische Kriterien für die vermeidend-selbstunsichere Persönlichkeitsstörung
■ Widerwilliges Einlassen auf zwischenmenschliche Beziehungen, sofern diese keine Sicherheit bieten gemocht zu werden
■ Zurückhaltung in intimen Beziehungen aufgrund der Angst beschämt oder lächerlich gemacht zu werden
■ Innere Überzeugung in sozialen Situationen kritisiert oder abgelehnt zu werden
■ Hemmungen in neuen zwischenmenschlichen Situationen aufgrund von Gefühlen der Unzulänglichkeit
■ Innere Überzeugung sozial unfähig, persönlich unattraktiv und anderen gegenüber unterlegen zu sein
■ Außergewöhnliche Zurückhaltung persönliche Risiken einzugehen oder sich neuen Aktivitäten zu widmen aufgrund der Befürchtung, dass sich dies als beschämend erweisen könnte

Tabelle 2: Spezifische Kriterien für die vermeidend-selbstunsichere Persönlichkeitsstörung

(Eigene Darstellung, in Anlehnung an APA, 2013, S. 672-673)

Das Erfassen einer vermeidend-selbstunsicheren Persönlichkeitsstörung mittels Kriterienlisten, bezeichnet man als kategoriale Diagnostik. Sie kann zu unterschiedlichen Störungsbildern bei derselben Persönlichkeitsstörung führen. Mit der neuen dimensionalen Diagnostik soll dieser Thematik entgegengewirkt werden. Der Ansatz findet in der ICD-11 Anwendung und wird im DSM-5 als alternatives Model vorgeschlagen. Hierbei wird der übergeordnete Begriff Persönlichkeitsstörung nach den allgemeinen Kriterien aus Tabelle 1 klassifiziert. Die abweichenden Muster müssen allerdings nicht mehr im Jugend- oder frühen Erwachsenenalter beginnen. Es reicht, wenn sie über einen kürzeren Zeitraum von mindestens zwei Jahren vorhanden sind. Danach erfolgt eine spezifische Beschreibung der Persönlichkeitsstörung anhand von Funktionsbeeinträchtigungen mit deren Schweregraden sowie durch die Nennung von pathologischen Persönlichkeitsmerkmalen. Die Funktionsbeeinträchtigungen können das Selbst mit den Dimensionen Identität und Selbststeuerung betreffen. Weiters können Beeinträchtigungen in interpersonellen Beziehungen auftreten, welche in die Dimensionen Empathie und Nähe aufgeteilt werden. Der jeweilige Schweregrad reicht von leichter über mittelgradige bis hin zu einer schweren Ausprägung. Die Nennung der pathologischen Persönlichkeitsmerkmale orientiert sich am Fünf-Faktoren-Modell von Costa und McCrae. Sie umfassen die fünf Domänen negative Affektivität (versus emotionale Stabilität), Distanziertheit (versus Extraversion), Antagonismus (versus Verträglichkeit), Enthemmtheit (versus Gewissenhaftigkeit) und Psychotizismus (versus Adäquatheit). Innerhalb dieser Domänen erfolgt wiederum eine Unterscheidung in 25 spezifische Merkmalsfacetten. Eine dimensionale Spezifizierung der vermeidend-selbstunsicheren Persönlichkeitsstörung erfolgt in Tabelle 3 (Hauser, Herpertz & Habermeyer, 2021, S. 31-34; APA, 2013, S. 761-764, 779-781).

Dimensionale Spezifizierung der vermeidend-selbstunsicheren Persönlichkeitsstörung	
Mittelgradige oder schwere Funktionsbeeinträchtigungen, welche sich durch typische Schwierigkeiten in zwei oder mehr der folgenden Dimensionen äußern:	
Identität:	geringes Selbstbewusstsein verbunden mit der inneren Überzeugung sozial unbeholfen, persönlich unattraktiv oder anderen gegenüber unterlegen zu sein; ausgeprägte Gefühle von Scham
Selbststeuerung:	unrealistische Verhaltensstandards, verbunden mit der Zurückhaltung eigene Ziele zu verfolgen, persönliche Risiken einzugehen oder sich neuen Aktivitäten zu widmen, wenn dies zu zwischenmenschlichen Kontakten führt
Empathie:	Beschäftigung mit Kritik und Überempfindlichkeit gegenüber Zurückweisung, verbunden mit der verzerrten Annahme von anderen negativ beurteilt zu werden
Nähe:	Widerwilliges Einlassen auf zwischenmenschliche Beziehungen, sofern diese keine Sicherheit bieten gemocht zu werden; Zurückhaltung in intimen Beziehungen aufgrund der Angst beschämt oder lächerlich gemacht zu werden
Vorhandensein von drei oder mehr der folgenden pathologischen Persönlichkeitsmerkmale, eins davon muss Ängstlichkeit sein:	
Ängstlichkeit (eine Facette der negativen Affektivität):	Anspannung oder Panik, oft als Reaktion in sozialen Situationen: Sorgen über negative Auswirkungen von vergangenen unangenehmen Erlebnissen sowie über mögliche negative Entwicklungen in der Zukunft; Angst- oder Bedrohungsgefühle bei Unsicherheit; Angst beschämt zu werden
Sozialer Rückzug (eine Facette der Distanziertheit):	Zurückhaltung in sozialen Situationen; Vermeidung von sozialen Kontakten und Aktivitäten; fehlende soziale Kontaktaufnahme

Dimensionale Spezifizierung der vermeidend-selbstunsicheren Persönlichkeitsstörung	
Anhedonie (eine Facette der Distanziertheit):	fehlende Freude, Engagement oder Energie hinsichtlich des Alltagserlebens; Beeinträchtigungen in der Fähigkeit Lust zu empfinden und sich für Dinge zu interessieren

Vermeidung von Nähe (eine Facette der Distanziertheit):	Vermeidung von engen oder romantischen Beziehungen, zwischenmenschlichen Bindungen sowie von intimen sexuellen Beziehungen

Tabelle 3: Dimensionale Spezifizierung der vermeidend-selbstunsicheren Persönlichkeitsstörung
(Eigene Darstellung, in Anlehnung an APA, 2013, S. 765-766)

Um eine Persönlichkeitsstörung diagnostizieren zu können, ist es wichtig mehrere Informationsquellen zu berücksichtigen. Neben dem Durchführen von klinischen Interviews sollen auch Fragebögen zur Selbsteinschätzung verwendet werden. Zudem können sich bereits vorhandene Befunde, Verhaltensbeobachtungen oder Informationen von Angehörigen als hilfreich erweisen. In der kategorialen Diagnostik hat sich das Strukturierte Klinische Interview zur Diagnostik von Persönlichkeitsstörungen (SKID-II) bewährt. In diesem zweistufigen Verfahren wird zunächst ein Fragebogen auf der Basis der Kriterien des DSM ausgefüllt. Danach werden in einem halbstrukturierten Interview die positiv beantworteten Kriterien überprüft. Die dimensionale Diagnostik von Persönlichkeitsstörungen konzentriert sich auf den Ausprägungsgrad der Persönlich-keitsmerkmale. Da auch nichtpathologische Ausprägungen berücksichtigt werden, liefern die Ergebnisse eine ressourcenorientierte Sichtweise. Als Beispiel kann das Persönlichkeits-Stil- und Störungs-Inventar (PSSI) angeführt werden. Um den Rahmen dieser Arbeit nicht zu überschreiten, können nur zwei Diagnoseverfahren ohne präzise Beschreibung angeführt werden (Renneberg, 2019, S. 461-462; Psyndex, 2023).

Kapitel 1.2 setzte sich mit den allgemeinen Kriterien für eine Persönlichkeitsstörung auseinander. Im Anschluss wurden die spezifischen Kriterien für eine vermeidend-selbstunsichere Persönlichkeitsstörung aus dem Cluster C genannt. Außerdem wurde zwischen der kategorialen und der dimensionalen Diagnostik unterschieden.

2   Aufgabe C2

Die zweite Aufgabe stellt zwei Kontroversen der Persönlichkeitspsychologie vor, welche aufgrund von Paradigmen aus unterschiedlichen Zeitepochen entstanden sind. Jedes Paradigma hat mit seinen Vertretern die Aufgabe das menschliche Erleben und Verhalten zu beschreiben. Dabei wird jeweils ein spezieller Teilaspekt der Persönlichkeit behandelt. Da kein Paradigma auf die gesamte Persönlichkeit Bezug nimmt, können die Kontroversen mit einem „sowohl als auch" beantwortet werden (Herzberg & Roth, 2014, S. 1-3). Aufgrund der Aufgabenstellung wird nicht auf die einzelnen Paradigmen eingegangen. Unterkapitel 2.1 erläutert die Kontroverse Person versus Situation und das Unterkapitel 2.2.beschäftigt sich mit Innensicht versus Außensicht.

2.1   Person versus Situation

Die Kontroverse Person versus Situation behandelt die Grundsatzfrage wie Verhalten vorhergesagt werden kann. Während sich der Dispositionismus für die Beantwortung auf eigenschaftstheoretische Modelle bezieht, fordert der Situationismus eine stärkere Berücksichtigung von Situationen. Aus den beiden Gegenbewegungen entwickelte sich schließlich der Interaktionismus, welcher sich auf die Wechselwirkung zwischen Dispositionen und Situationen konzentriert. Dispositionen umfassen die Bereiche Fähigkeiten und Eigenschaften und schließen Traits ein (Rauthmann, 2017, S. 12-13; Laux, 2008, S. 199).

In Allports trait-theoretischem Ansatz werden Traits als überdauernde Persönlichkeitsmerkmale beschrieben, die ein konsistentes Verhalten über verschiedene Situationen hinweg prädisponieren. Zur Beschreibung von individuellen Unterschieden erstellte Allport und Odbert 1936 eine Liste mit über 18.000 Adjektiven. Die Liste basiert auf dem Webster Lexikon der englischen Sprache und wurde von vielen Forschern extrahiert, um universale Trait-Dimensionen zu identifizieren. Inzwischen besteht Einigkeit darin, die Struktur der Persönlichkeit mit fünf Faktoren zu beschreiben. Diese sind Extraversion, Verträglichkeit, Gewissenhaftigkeit, Neurotizismus sowie Offenheit für Erfahrungen und werden im Fünf-Faktoren-Modell von Costa und McCrae zusammengefasst (Gerrig & Zimbardo, 2008, S. 507-509).

Vertreter des Situationismus kritisieren die transsituative Konsistenz von trait-bezogenen Verhaltensweisen. Sie wiesen in Untersuchungen nach, dass Traits situationsabhängig variieren.   Die   Diskrepanz   zwischen   dem   subjektiven   Eindruck   von situationsübergreifender Verhaltensstabilität und der empirisch nachgewiesenen Inkonsistenz bezeichnete Mischel als Konsistenzparadox. Er untersuchte die Bedingungen für starke Dispositions- und Situationseinflüsse und schlug eine Unterscheidung in starke sowie schwache Situationen vor. Starke Situationen werden einheitlich interpretiert und rufen gleiche Verhaltensweisen hervor. Als Beispiel fungiert in dieser Arbeit eine starke Drucksituation im Absolvieren eines Tests mit dem Auftreten von Prüfungsangst. Schwache Situationen ermöglichen hingegen einen größeren Interpretationsspielraum und erwarten kein einheitliches Verhalten. Persönlichkeitsmerkmale können hierin verstärkt zum Vorschein kommen (Laux, 2008, S. 200-202; Mischel, 1977, S. 333-352).

Wie Abbildung 1 zeigt, gibt es zwei Varianten des Interaktionismus. Im blau dargestellten mechanischen Modell bestimmen Person und Situation das Verhalten unidirektional. Im grün dargestellten dynamischen Modell kommt es zu einem Wechselwirkungsprozess.

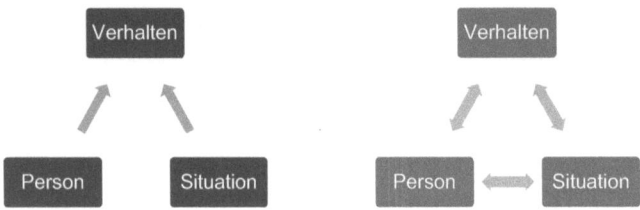

Abbildung 1: Schematische Darstellung des mechanischen und dynamischen Interaktionismus
(Eigene Darstellung, in Anlehnung an Laux, 2008, S. 217-218)

Die im Anwendungsbeispiel fungierende Prüfungsangst muss laut dem mechanischem Trait-State-Angstmodell von Spielberger differenziert werden. Die Differenzierung erfolgt in Prüfungsangst als momentaner Zustand (State) und in Prüfungsängstlichkeit als überdauerndes Persönlichkeitsmerkmal (Trait). Das Trait beinhaltet die Tendenz Leistungsanforderungen selbstwertbedrohlich zu bewerten und führt somit zu einer erhöhten Zustandsangst (Spielberger, 1972, S. 23-49).

Im Rahmen des dynamischen Interaktionismus kommt es außerdem zur Berücksichtigung von Bewältigungsmaßnahmen. Diese führen aufgrund einer positiven Neubewertung zu einer verbesserten Transaktion zwischen Person und Situation. Laut der Lazarusschule erfolgt die Bewältigung problem- oder emotionsfokussiert. Somit kann die Auseinandersetzung mit prüfungsrelevanten Inhalten als auch der Einsatz von

Entspannungstechniken zur Reduktion der Prüfungsangst beitragen (Laux, 2008, S. 224-225, 228).

Nach moderner Auffassung kommen auch innerhalb einer Person dynamische Prozesse zwischen kognitiv-affektiven Elementen zum Tragen. Hierbei handelt es sich um Enkodierung, Ziele, Emotionen, Werte und Verhaltensaktivierung. Sie zeichnen sich in einer individuellen Organisation aus und bringen durch stabile Aktivierungsmuster das erwähnte Konsistenzparadox schließlich in Einklang (Montag, 2016, S. 9-10).

Zur Beantwortung der Kontroverse Person versus Situation wurden in Kapitel 2.1 die Sichtweisen des Dispositionismus, des Situationismus sowie des Interaktionismus kurz erklärt. Dabei diente das Beispiel der Prüfungsangst zur Veranschaulichung.

2.2 Innensicht versus Außensicht

Die Kontroverse Innensicht versus Außensicht behandelt die Grundsatzfrage wie Persönlichkeit betrachtet werden kann. Während sich in der Persönlichkeitspsychologie innere Strukturmodelle durchsetzten, wurden externe Wirkungsmodelle weitgehend sozialpsychologisch erforscht. Für ein vollständiges Persönlichkeitsbild müssen beide Perspektiven mit der Selbstdarstellung als Bindeglied berücksichtigt werden (Rauthmann, 2017, S. 12; Laux, 2008, S. 24-25).

Selbstdarstellung ist ein Prozess, indem sich die zum Ausdruck gebrachten Selbstbilder und die darauffolgenden Reaktionen wechselseitig beeinflussen. Selbstbilder können als faktisch bzw. real oder auch als potenziell kategorisiert werden und variieren je nach situativem Kontext. Als Beispiel fungiert in dieser Arbeit die Selbstdarstellung im Rahmen eines Bewerbungsverfahrens für die Stelle als selbstsichere Führungskraft. Um sich wirksam darstellen zu können, müssen bei der Führungskraft soziale Kompetenzen vorhanden sein. Ihr Bedürfnis der Selbstdarstellung kann sowohl publikums- als auch individuumszentriert geleitet sein. Schließlich kommt durch das Zusammenwirken der Einzelkomponenten Selbstbilder, Kompetenzen und Motive ein individueller Stil der Selbstdarstellung zustande (Laux, 2008, S. 253-255, 262, 269, 281; Schlenker & Weigold, 1992, S. 133-168).

Persönlichkeitseigenschaften können als potenzielle Prädikatoren der Selbstdarstellung interpretiert werden. Um dies zu messen entwickelte Snyder die Konzeption des Self-Monitorings mit einer Unterscheidung der Selbstaufmerksamkeit in zwei Ausprägungen.

Starke Selbstüberwacher achten genau darauf, welchen Eindruck sie bei anderen erwecken und richten das eigene Verhalten danach aus. Schwache Selbstüberwacher kümmern sich hingegen wenig um den Fremdeindruck (Laux, 2008, S. 268; Snyder, 1974, S. 526-537). Aus dem einfaktoriellen Self-Monitoring wurde inzwischen ein Zweifaktorenmodell abgeleitet, welches eine akquisitive und eine protektive Komponente beinhaltet. Akquisitive Selbstüberwacher werden von der Hoffnung auf Erfolg motiviert und stehen mit Extraversion und hohem Selbstwertgefühl in Zusammenhang. Protektive Selbstüberwacher werden hingegen von der Furcht vor Misserfolg motiviert und korrelieren mit Ängstlichkeit und einem niedrigen Selbstwertgefühl (Wolfe, Lennox & Cutler, 1986, S. 356-361; Laux, 2008, S. 265-266).

Persönlichkeitseigenschaften können auch als Produkte der Selbstdarstellung interpretiert werden. Somit ist es protektiven Selbstüberwachern ebenso möglich sich für die Stelle aus dem Anwendungsbeispiel zu qualifizieren. Auf der Basis des Self-Defining-Feedbacks können zum Beispiel im Zuge einer Fixierten Rollentherapie selbstsichere Verhaltensweisen erprobt werden. Durch eine erfolgreiche und sich wiederholende Zurückspiegelung kommt es folglich zu einer Erweiterung der alten Selbstbilder zu mehr Selbstsicherheit hin (Laux, 2008, S. 272-273; Kelly, 1973, S. 394-422).

Es muss beachtet werden, wie Diskrepanzen zwischen Selbst- und Fremdbild zustande kommen. Ängstlichkeit kann beispielsweise besser im Selbstbericht geschildert werden, da für einen validen Fremdbericht äußere Symptome wie Zittern oder Schwitzen nötig sind. Zudem besteht die Möglichkeit, dass die Führungskraft Eigenschaften nicht bewusst wahrnimmt oder nicht darstellen möchte (Laux, 2008, S. 283-284).

Im Anwendungsbeispiel werden die Vorteile der Doppelbetrachtung im Zuge des 360°-Feedbacks genutzt. Die Führungskraft wird aus unterschiedlichen Perspektiven eingeschätzt. Dazu zählen neben der Selbstbeurteilung auch das Feedback von relevanten Personen wie Kollegen oder Kunden (Scherm & Sarges, 2019, S. 1).

Zur Beantwortung der Kontroverse Außensicht versus Innensicht erläuterte Kapitel 2.2 die Selbstdarstellung als Bindeglied zwischen Selbst- und Fremdbild. Zur Veranschaulichung diente dabei ein Bewerbungsverfahren für die Stelle als selbstsichere Führungskraft.

3 Aufgabe C3

In der dritten Aufgabe befasst sich das Unterkapitel 3.1 mit der Abgrenzung des Konzeptes der Kreativität vom Konzept der Intelligenz. Im Anschluss kommt es im Unterkapitel 3.2 zur Erklärung, wie Kreativität gemessen wird. Schließlich erläutert das Unterkapitel 3.3 kreativitätsfördernde und kreativitätsbehindernde situative Einflüsse.

3.1 Abgrenzung der Kreativität von der Intelligenz

Stern (1912) definierte Intelligenz als allgemeine Fähigkeit, die es einem Individuum ermöglicht, das Denken bewusst auf neue Forderungen einzustellen. Sie ermöglicht die Anpassung an neue Aufgaben und Lebensbedingungen (S. 3). In weiteren Definitionen wird intelligentes Verhalten auch in unterschiedliche Aufgaben und Bereiche spezifiziert. In der Psychologie stellt Intelligenz das am besten erforschte Persönlichkeitsmerkmal dar. Psychometrische Intelligenztests beinhalten Aufgabenstellungen, welche spezielle geistige Leistungsbereiche repräsentieren. Jede Aufgabe lässt nur eine einzige Lösungsmöglichkeit zu und kann daher dem konvergenten Denken zugeordnet werden. Abhängig von der Struktur des Testes werden unterschiedliche Fähigkeiten bzw. Fähigkeitsbündel ausgewertet. Diese können zum Beispiel logisch-mathematisch oder sprachlich sein (Rost, 2015, S. 12; Stumpf & Perleth, 2019, S. 166, 168-169). Der Intelligenzquotient (IQ) dient als standardisierte Messgröße im Konzept der Intelligenz (Krähenbühl, 2017, S. 48).

Guntern (1991) definierte Kreativität als Fähigkeit, die es einem Individuum durch das Zusammenspiel beider Gehirnhälften ermöglicht, etwas zu erschaffen. Das hervorgebrachte Produkt wird von sachkompetenten und kritischen Personen als funktionell, originell, einmalig und adäquat bewertet (S. 6). Laut Guilford (1950) wird Kreativität mit der Fähigkeit zum divergenten Denken in Zusammenhang gebracht. Hierbei muss die Problemstellung erst klar definiert werden und in Abhängigkeit davon eine von mehreren möglichen Lösungen gefunden werden (Guilford, S. 444-454). Wie in Tabelle 4 ersichtlich, kann das divergente Denken mit vier Komponenten erfasst werden.

Komponenten zum divergenten Denken
■ Sensitivität gegenüber Problemen (Schilderung von Sachverhalten und Suche nach alternativen Erklärungen)
■ Flüssigkeit des Denkens (Aufzählung von vielen Verwendungsmöglichkeiten eines Gegenstandes innerhalb eines Zeitfensters)
■ Originalität des Denkens (Suche nach entfernt liegenden Analogien zu vorgegebenen Aussagen)
■ Flexibilität des Denkens (Test durch Aufgaben)

Tabelle 4: Komponenten zum divergenten Denken

(Eigene Darstellung, in Anlehnung an Neyer & Asendorpf, 2018, S. 163)

Die Guilford-Tradition beschreibt das divergente Denken als stabile Persönlichkeitseigenschaft (Neyer & Asendorpf, 2018, S. 163). Kreativität kann jedoch auch als vorhandenes Potenzial betrachtet werden. Dazu werden Schulungen zum Training des divergenten Denkens angeboten (Thormann, 2023). Im Profil einer kreativen Person sind zudem hohe Ausprägungen von Flexibilität, Nonkonformismus, Eigenständigkeit, Risikobereitschaft und Aufgeschlossenheit bezeichnend (Martindale, 1989, S. 211-232). Kreativität ist keine einheitliche Leistungsfähigkeit. Sie kann ästhetisch-künstlerisch sein und mit Fachkompetenzen zur Erschaffung eines Kunstwerkes befähigen. In angewandter Form trägt sie durch Methodenkompetenzen zum Problemlösen oder zur Produktentwicklung bei (Becker, Ebert & Pastoors, 2018, S. 82).

Ein kreativer Prozess ist langdauernd und setzt sich traditionell aus mindestens fünf Phasen zusammen. Diese werden in Tabelle 5 dargestellt.

Phasen des kreativen Prozesses	
Vorbereitung:	Die erste Stufe setzt eine intensive Beschäftigung mit dem fraglichen Gebiet und eine Betrachtung aus verschiedenen Perspektiven voraus.
Inkubation:	Nachdem die Grundlage für eine Art „gedankliche Infektion" gelegt wurde, folgt die Nichtbeschäftigung mit der Thematik. Währenddessen sind unbewusste Prozesse am Laufen.
Einsicht:	Die nächste Phase geschieht zu einem ungewissen Zeitpunkt. Sie ist gekennzeichnet durch eine rekombinierte Assoziation, welche die

Phasen des kreativen Prozesses	
	Schwelle zum Bewusstsein durchdringt. Der Moment der Bewusst-werdung wird in der Gestaltpsychologie als „Aha"-Effekt bezeichnet.
Bewertung:	Im nächsten Schritt wird die gewonnene Einsicht auf der Basis von Normen und Werten geprüft.
Ausbreitung:	Hält eine Idee der kritischen Zensur stand, kommt es schließlich zur Durchsetzung der kreativen Leistung.

Tabelle 5: Phasen des kreativen Prozesses

(Eigene Darstellung, in Anlehnung an Funke, 2021, S. 64)

Die beiden Konzepte Kreativität und Intelligenz wurden zu Beginn der Moderne alternativ oder konkurrierend aufgefasst. In späteren Forschungen kam es jedoch zunehmend zur Interaktion zwischen Intelligenz und Kreativität. Dabei entstanden verschiedene Modelle. Laut dem Summationsmodell ist es beispielsweise möglich Intelligenzdefizite mit Kreativität auszugleichen. Dem Schwellenmodell zufolge erfordern kreative Leistungen einen bestimmten Intelligenzquotienten. Nach Überschreitung der Schwelle besteht aber eine Nullkorrelation zwischen Kreativität und Intelligenz. Das Kapazitätsmodell legt wiederum eine auf Intelligenz beruhende Obergrenze für Kreativität fest. Schließlich ermöglicht Intelligenz nach dem Kanalmodell das Sammeln und Speichern von Informationen, welche mit der Kreativität zu Neuem verarbeitet werden (Cropley, 1998, S. 272-277). Da Kreativität und Intelligenz hoch genug miteinander korrelieren, ist es inzwischen möglich Kreativität als Intelligenzfaktor zu betrachten (Asendorpf, 2019, S. 103). Karwowski et al (2016) bestätigten, dass Intelligenz in allen Stufen eine notwendige, allerdings keine hinreichende Bedingung für Kreativität ist (S. 105-117).

In Kapitel 3.1 wurde der Begriff Intelligenz und Kreativität definiert und voneinander abgegrenzt. Im Rahmen der Abgrenzung kam es zur Erklärung des konvergenten und divergenten Denkens. Danach wurde der kreative Prozess beschrieben und Modelle kurz erwähnt, die sich auf die Interaktion zwischen Intelligenz und Kreativität beziehen.

3.2 Messung der Kreativität

Im Allgemeinen besteht die Möglichkeit einer sprachlichen oder sprachfreien Untersuchung der Kreativität. Auf der Basis des konvergenten Denkens wurde beispielsweise der Unusual uses-Test entwickelt. Hierbei sollen möglichst viele und originelle Verwendungszwecke für einen bestimmten Gegenstand sprachlich geäußert werden.

Ein im Grundsatz ähnlich funktionierendes Verfahren stellt der Torrance Test of Creative Thinking (TTCT) dar. Er ist mehrteilig aufgebaut und enthält u.a. auch sprachfreie Aufgaben. Wie in Abbildung 2 ersichtlich, zählen dazu zeichnerische Aktivitäten zum Vervollständigen, Kombinieren oder Produzieren (Funke, 2021, S. 62-63; Lehmann, 2018, S. 10-11).

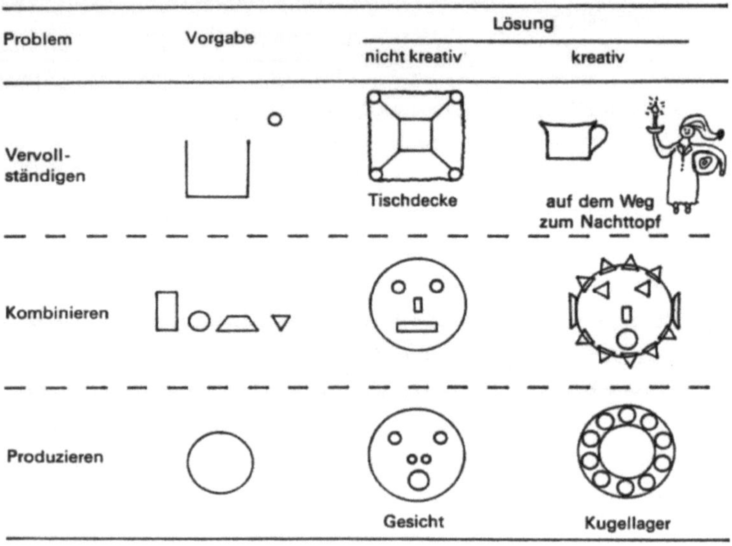

Problem	Vorgabe	Lösung	
		nicht kreativ	kreativ
Vervoll-ständigen		Tischdecke	auf dem Weg zum Nachttopf
Kombinieren			
Produzieren		Gesicht	Kugellager

Abbildung 2: Beispiel für sprachfreie Aufgaben aus dem TTCT
(Hussy, 1986, S. 76)

Inzwischen existieren für die Kreativitätsmessung eine Fülle von Instrumenten. Tabelle 6 zeigt auf, wie diese laut Hocevar & Bachelor (1989) klassifiziert werden können (S. 53-75). In der ersten Spalte wird die Art des Verfahrens angegeben und in der zweiten Spalte das dazugehörige Ziel. In dieser Aufstellung erfolgt der Zugang zu Kreativität über die Person und das Produkt. Die Prozesssicht auf Kreativität wird dabei nicht einbezogen.

Verfahren	Ziel
Tests zum divergenten Denken	Erfassung kognitiver Fähigkeiten
Persönlichkeitsinventare	Erfassung bestimmter Persönlichkeitsmerkmale und Eigenschaften
Einstellungs- und Interessenskalen	Sichtbar machen von bestimmten Vorlieben, Interessen und Motiven
Lehrerbeurteilung, Peerbeurteilung und Vorgesetztenbeurteilung	Information durch Einschätzung von Lehrern, Kollegen oder Vorgesetzen, welche die zu beurteilende Peron über einen längeren Zeitraum beobachten konnten und sie kennen
Beurteilung kreativer Arbeitsproben und Produkte	Messung des kreativen Verhaltens und Analyse der Ergebnisse
Eminenz-Einschätzungen	Erfassung von Erfolgskriterien durch die Zusammenstellung von Zitierhäufigkeit, erlangten Preisen und Auszeichnungen sowie eingeräumten Platz in Biografien
Biografische Inventare	Sammlung von Informationen zu Hintergrund und Entwicklungsbedingungen
Selbstberichte über besondere Leistungen	Auskunft über Selbsteinschätzung und nicht publike Leistungen anhand von Checklisten

Tabelle 6: Klassifizierung der Verfahren zur Kreativitätsmessung
(Eigene Darstellung, in Anlehnung an Palmer, 2016, S. 163-164)

Die Verfahren zur Kreativitätsmessung können auch dem trimodalen Ansatz aus der Berufseignungsdiagnostik zugeordnet werden. Dieser unterscheidet hinsichtlich der Methodik in eigenschafts-, biografie- und simulationsorientierte Ansätze (Höft & Schuler, 2019, S. 47-108). Eigenschaftsorientierte Ansätze behandeln Merkmale, die zeitlich stabil sind und werden vor allem auf Konstruktvalidität geprüft (Kauffeld & Grohmann, 2019, S. 151). Zur Erfassung von kreativen Eigenschaften kommen neben Leistungstests zum divergenten Denken, auch Einschätzungsverfahren zu Persönlichkeitsmerkmalen, Interessen oder Motiven zum Einsatz. Dabei kann die Einschätzung von der Person selbst oder durch Lehrer, Kollegen und Vorgesetzte erfolgen. Ein Großteil der Kreativitätstests entspringt der Messung inhaltsähnlicher Konstrukte, die sich in Bezug auf Kreativität als kriterienvalide erwiesen haben. Als Beispiel hierfür kann der Faktor Offenheit für Erfahrungen aus dem Fünf-Faktoren-Modell angeführt werden. Im Test zum Planen und Gestalten (TPG) wird nicht nur die kreative Person, sondern auch der kreative Prozess berücksichtigt. Dabei sind Aufgaben zu erledigen, die sich an den unterschiedlichen Prozessstufen orientieren (Palmer, 2016, S. 167, 179-180; Psyndex, 2023).

Biografieorientierte Ansätze ermitteln Verhaltensergebnisse und folgen dem Prinzip der prognostischen Validität (Kauffeld & Grohmann, 2019, S. 151). Es wird davon ausgegangen, dass vergangenes erfolgreiches Verhalten in der Zukunft wiederholt wird. Dazugehörige Kreativitätsmessverfahren sind Eminenz-Einschätzungen, Beurteilungen und Selbstberichte von kreativen Leistungen sowie biografische Inventare (Palmer, 2016, S. 170). Ein bekanntes Selbstbeschreibungsverfahren stellt das Creative Achievement Questionnaire (CAQ) dar (Carson, Peterson & Higgins, 2005, S. 37-50).

In simulationsorientierten Ansätzen steht das tatsächliche Verhalten im Vordergrund. Die Simulation der später zu bewältigenden Aufgaben folgt dem Prinzip der Inhaltsvalidität (Kauffeld & Grohmann, 2019, S. 151). In künstlerischen Berufen ist die Beurteilung kreativer Arbeitsproben gebräuchlich. Beispielsweise wird im Rahmen der Aufnahmeprüfung für die Kunsthochschule Kassel eine künstlerische Auseinandersetzung mit einem unbekannten Thema gefordert (Khk, 2023). Aber auch in Bereichen, wo die Implementierung von kreativen Lösungen wichtig ist, werden simulationsorientierte Verfahren eingesetzt. So kommt es zum Beispiel zur Simulation von realitätsnahen Verhandlungs- oder Überzeugungssituationen. Die Verhaltensbeobachtung ergänzt den eigenschafts- und biografieorientierten Ansatz. Für eine differenzierte Diagnose des kreativen Potenzials kann sie in den einzelnen Prozessschritten durchgeführt werden (Palmer, 2016, S. 169-170).

Zusammenfassend lässt sich festhalten, dass für die Messung der Kreativität kein zuverlässiges und standardisiertes Diagnostikum existiert. Jedes in Kapitel 3.2 erwähnte Verfahren weist seine eigenen Vor- und Nachteile auf (Funke, 2021, S. 63). In der Kombination von eigenschafts-, biografie- und simulationsorientierten Verfahren gemäß dem trimodalen Ansatz können allerdings die drei Validitätsarten berücksichtigt werden (Kauffeld & Grohmann, 2019, S. 151).

3.3 Kreativitätsfördernde und kreativitätsbehindernde situative Einflüsse

Rhodes (1961) zeigt die Zugänge zu Kreativität in Form von 4P's auf. Neben der Sicht auf die Person, das Produkt und den Prozess wird sein Modell durch die Perspektive des Umfelds ergänzt (S. 305-310). Forschungsberichte und Modelle zum kreativen Umfeld stammen aus dem Unternehmens- und Managementbereich sowie aus dem Bildungskontext. In dieser Arbeit ist es jedoch aus Platzgründen nicht möglich alle davon zu berücksichtigen (Maurer & Ingold, 2021, S. 61).

Preiser (2011) gibt an, dass kreative Prozesse, je nach vorherrschendem Arbeitsklima, entweder gefördert oder behindert werden. Er entwickelte Fragebögen, um die Bedingungen für ein Kreativitäts- und Innovationsfreundliches Klima (KIK) zu erfassen. Die Befragung von Personen aus Betrieben, Verwaltungen, Schulen und Kindergärten ergab, dass ein KIK aus vier Aspekten besteht. Der erste Aspekt stellt Anregung und Aktivierung dar und beinhaltet für den beruflichen Kontext zum Beispiel eine kreativitätsfördernde Arbeitsumgebung (S. 30-31). Bei der Umsetzung ist es möglich auf den im Kreativitätsprozess angegeben Wechsel von Aktivierung und Entspannung Bezug zu nehmen. Zur Verrichtung von intensiven kognitiven Tätigkeiten können u.a. schallreduzierte Räume mit ergonomischer Sitzmöglichkeit angeboten werden. Das Schaffen einer Gelegenheit zur körperlichen Ertüchtigung fördert die Reflektion der geleisteten Arbeit. Plätze mit der Möglichkeit zur Nahrungsaufnahme dienen wiederum der Erholung. Auch Pflanzen und Hängematten sorgen für eine entspannende Wirkung (Pokorni, Berthold & Zwerina, 2022, S. 49, 62, 65-66). Für Anregung und Aktivierung sorgt zudem eine Unternehmensstrategie, die Lösungen nicht vorgibt, sondern selbst entwickeln lässt. Dabei können Angestellten vielseitige Informationsmaterialen und Anleitungen für Kreativitätstechniken wie das Brainstorming zur Verfügung gestellt werden (Preiser, 2011, S. 30-31; Preiser, 2019, S. 209).

Der zweite Aspekt berücksichtigt eine zielgerichtete Motivation, welche an vorhandene Interessen anknüpft, Erfolgserfahrung ermöglicht und Selbstvertrauen fördert (Preiser, 2011, S. 31). Amabile (1998) schätzt intrinsische Motivation kreativitätsfordernder ein, als extrinsisch motivationale Faktoren wie Geld oder Anerkennung (S. 79). Somit sollten in der beruflichen Praxis die Motive der Angestellten berücksichtigt und ihre Kreativität wahrgenommen und wertgeschätzt werden (Amabile, Conti, Coon, Lazenby & Herron, 1996, S. 1160).

Als dritte Bedingung des KIK wurde eine offene und vertrauensvolle Atmosphäre genannt. Hierin kommunizieren alle Angestellten auf Augenhöhe und können Konflikte offen ansprechen. Die Führungskraft ermutigt zum Generieren von neuen Ideen und akzeptiert Fehler als Chancen für Lernprozesse (Preiser, 2011, S. 31; Amabile et al., 1996, S. 1160). Sie ist außerdem bei Bedarf offen für Ad-hoc-Besprechungen. Die

Arbeitsplätze sollen so gestaltet werden, dass die Teilhabe am Informationsaustausch gefördert wird. So kann beispielsweise eine zentrale Stelle eingerichtet werden, an der sich Mitarbeitende informell treffen und gemeinsam neue Ideen entwickeln können. Im Zuge des „Open-Innovations"-Ansatzes ist auch der Einsatz von Apps denkbar. Damit wird es Angestellten ermöglicht Ideen intuitiv zu erfassen und Einfälle gegenseitig zu kommentieren (Pokorni et al., 2022, S. 47, 55-56).

Der vierte Aspekt zu Kreativitätsförderung beschäftigt sich mit dem Schaffen von Freiräumen und Unabhängigkeiten. Umsetzbar ist dies beispielsweise mit einem Gleitzeitarbeitsmodell oder einer freien Pauseneinteilung. Zudem soll die Führungskraft ungewöhnliche Vorschläge ernst nehmen und verschiedene Meinungen als Bereicherung verstehen (Preiser, 2011, S. 31; Beeftink, Eerde & Rutte, 2008, S. 358-364). Ihre Aufgabe ist es das Ziel und nicht den dazugehörigen Weg aufzuzeigen. Dabei sollte mehr unterstützt und angeleitet, als instruiert und delegiert werden (Preiser, 2019, S. 228).

Ob das Wegfallen der genannten positiven Wirkfaktoren automatisch die Kreativität behindert, ist unvollständig geklärt (Maurer & Ingold, 2021, S. 64). Jedenfalls können laut Preiser (2011) Blockaden und Selbstzensuren zu Kreativitätshemmung führen (S. 30). Es ist somit wichtig, dass im kreativen Prozess die Phase der Bewertung nicht zu früh eingeleitet wird (Funke, 2021, S. 68). Kreativitätsblockaden können in verschiedene Kategorien eingeteilt werden. Wahrnehmungsbedingt äußern sie sich im beruflichen Alltag beispielsweise durch eine stereotype Sicht auf Probleme. Diese verhindert, dass neue und für die Problemlösung relevante Informationen wahrgenommen werden. Weiters können Angestellte aufgrund von unangenehmen Gefühlen, wie sich lächerlich vorzukommen, blockiert sein. Kulturbedingte Barrieren entstehen wiederum, wenn in einem Betrieb gesellschaftliche Tabuthemen nicht angesprochen werden dürfen. Schließlich können umweltbedingte Blockaden in Form von störenden Personen oder mangelnder Unterstützung auftreten (Adams, 1984, S. 17, 43, 59).

Das von Ambalie et al. stammende Modell zum kreativen Umfeld beinhaltet neben den positiven Wirkfaktoren auch kreativitätsbehindernde Aspekte. Diese stellen erstens den Faktor organisatorische Hindernisse mit beispielsweise internen Konflikten, Konservatismus oder starren Managementstrukturen dar. Zweitens wird der Faktor Arbeitsbelastung angeführt (Amabile et al., 1996, S. 1159; Maurer & Ingold, 2021, S. 64). Als belastend kann zum Beispiel Wettbewerbsorientierung in Form einer zu erreichenden Produktionskennzahl erlebt werden. Außerdem fungiert Zeitmangel sowie ein hoher Stresslevel als Kreativitätskiller (Ellebracht, Lenz, Geiseler & Osterhold, 2018, S. 134-136).

Kapitel 3.3 beschäftigte sich mit den positiven Wirkfaktoren für ein KIK laut Preiser. Weiters wurden kreativitätsbehindernde Faktoren genannt. Diese wurden aus Adams Kategorisierung der Kreativitätsblockaden, als auch aus dem Modell von Amabile et al. entnommen. Schließlich erfolgte eine Erläuterung anhand von Beispielen aus dem beruflichen Alltag.

Literaturverzeichnis

Adams, J. L. (1984). *ICH HAB's! Wie man Denkblockaden mit Phantasie überwindet.* Wiesbaden: Vieweg+Teubner.doi:10.1007/978-3-322-87266-1

Amabile, T. M., Conti, R., Coon, H., Lazenby, J. & Herron, M. (1996). Assessing the Work Environment for Creativity. *Academy of Management Journal, 39*(5), S. 1154-1184.

Amabile, T. M. (1998). How to kill creativity. *Harvard Business Review, 76*(5), S. 77-87.

American Educational Research Association, American Psychological Association, & National Council on Measurement in Education. (2014). *Standards for educational and psychological testing.* Washington, DC: American Educational Research Association.

APA. (2013). *Diagnostic and statistical manual of mental disorders. DSM-5* (5. ed.). Washington, DC: American Psychiatric Publishing.

Asendorpf, J. B. (2019). *Persönlichkeitspsychologie für Bachelor* (4. Aufl.). Berlin: Springer.doi:10.1007/978-3-662-57613-7

Assen, C. von der. (2019). *Crash-Kurs Psychologie. Semester 2.* Berlin, Heidelberg: Springer.doi:10.1007/978-3-662-55747-1

Barnow, S. & Miano, A. (2020). Persönlichkeitsstörungen. In J. Hoyer & S. Knappe (Hrsg.), *Klinische Psychologie & Psychotherapie* (S. 1299-1319). Berlin: Springer.doi:10.1007/978-3-662-61814-1

Becker, J. H., Ebert, H. & Pastoors, S. (2018). *Praxishandbuch berufliche Schlüsselkompetenzen. 50 Handlungskompetenzen für Ausbildung, Studium und Beruf.* Berlin: Springer.doi:10.1007/978-3-662-54925-4

Beetfink, F., Eerde, W. van & Rutte, C. G. (2008). The Effect of Interruptions and Breaks on Insight and Impasses: Do You Need a Break Right Now? *Creativity Research Journal, 20(4),* S. 358-364.doi:10.1080/10400410802391314

Carson, S. H., Peterson, J. B. & Higgins, D. M. (2005). Reliability, Validity, and Factor Structure of the Creative Achievement Questionnaire. *Creativity Research Journal*, *17*(1), S. 37-50.doi:10.1207/s15326934crj1701_4

Caspar, F., Pjanic, I. & Westermann, S. (2018). *Klinische Psychologie*. Wiesbaden: Springer.doi:10.1007/978-3-531-93317-7

Cropley, A. J. (1998). Kreativität und Kreativitätsförderung. In D. H. Rost (Hrsg.), *Handwörterbuch der Pädagogischen Psychologie* (S. 272-277). Weinheim: Psychologie Verlags Union.

Döring, N. & Bortz, J. (2016). *Forschungsmethoden und Evaluation in den Sozial- und Humanwissenschaften* (5. Aufl.). Berlin, Heidelberg: Springer.doi:10.1007/978-3-642-41089-5

Ellebracht, H., Lenz, G., Geiseler, L. & Osterhold, G. (2018). *Systemische Organisations- und Unternehmensberatung. Praxishandbuch für Berater und Führungskräfte* (5. Aufl.). Wiesbaden: Springer.doi:10.1007/978-3-658-21476-0

Funke, J. (2021). Psychologie der Kreativität. *Recht Innovativ, 5*(1), S. 61-70.

Gerrig, R. J. & Zimbardo, P. G. (2008). *Psychologie* (18. Aufl.). München: Pearson Studium.

Guilford, J. P. (1950). Creativity. *The American Psychologist, 5*(9), S. 444-454.doi:10.1037/h0063487

Guntern, G. (Hrsg.). (1991). *Der kreative Weg. Kreativität in Wirtschaft, Kunst und Wissenschaft*. Zürich: Verl. Moderne Industrie.

Hauser, N. C., Herpertz, S. C. & Habermeyer, E. (2021). Das überarbeitete Konzept der Persönlichkeitsstörungen nach ICD-11: Neuerungen und mögliche Konsequenzen für die forensisch-psychiatrische Tätigkeit. *Forensische Psychiatrie, Psychologie, Kriminologie, 15*(1), S. 30-38.doi:10.1007/s11757-020-00648-3

Herzberg, P. Y. & Roth, M. (2014). *Persönlichkeitspsychologie*. Wiesbaden: Springer VS.doi:10.1007/978-3-531-93467-9

Himme, A. (2009). Gütekriterien der Messung: Reliabilität, Validität und Generalisierbarkeit. In S. Albers, D. Klapper, U. Konradt, A. Walter & J. Wolf (Hrsg.), *Methodik der empirischen Forschung* (S. 485-500). Wiesbaden: Gabler.doi:10.1007/978-3-322-96406-9

Hocevar, D. & Bachelor, P. (1989). A Taxonomy and Critique of Measurements Used in the Study of Creativity. In J. A. Glover, R. R. Ronning & C. R. Reynolds (Hrsg.), *Handbook of Creativity* (S. 53-75). Boston, MA: Springer.doi:10.1007/978-1-4757-5356-1_3

Höft, S., & Schuler, H. (2019). Personalmarketing und Personalauswahl. In H. Schuler & K. Moser (Hrsg.), *Lehrbuch Organisationspsychologie* (S. 47-108). Göttingen: Hogrefe.

Hogrefe Verlag (2016). *Klassifikationssysteme. DSM und ICD.* Zugriff am 18.03.2023. Verfügbar unter https://www.hogrefe.com/de/thema/dsm-und-icd

Hossiep, R. & Mühlhaus, O. (2015). *Personalauswahl und -entwicklung mit Persönlichkeitstests. Mit Arbeitsmaterialien und Fallbeispielen* (Praxis der Personalpsychologie, Bd. 9, 2. Aufl.). Göttingen: Hogrefe.

Hussy, W. (1986). Denkpsychologie. Ein Lehrbuch. Schlussfolgern, Urteilen, Kreativität, Sprache, Entwicklung, Aufmerksamkeit (Urban-Taschenbücher, Bd. 2). Stuttgart: Kohlhammer.

Karwowski, M., Dul, J., Gralewski, J., Jauk, E., Jankowska, D. M., Gajda, A. et al. (2016). Is creativity without intelligence possible? A Necessary Condition Analysis. *Intelligence, 57,* S. 105-117.doi:10.1016/j.intell.2016.04.006

Kauffeld, S. & Grohmann, A. (2019). Personalsauswahl. In S. Kauffeld (Hrsg.), *Arbeits-, organisations- und personalpsychologie für Bachelor.* (S. 139-165). Berlin: Springer.doi:10.1007/978-3-662-56013-6

Kelly, G. A. (1973). Fixed role therapy. In R. M. Đurđević (Hrsg.), *Direct psychotherapy* (S. 394-422). Florida: University of Miami Press.

Khk. (2023). *KhK – Aufnahmeprüfung.* Zugriff am 21.03.2023. Verfügbar unter https://kunsthochschulekassel.de/bewerbung/bewerbungs-abc/aufnahmepruefung.html

Krumm, S., Schmidt-Atzert, L. & Amelang, M. (2021). Grundlagen diagnostischer Verfahren. In L. Schmidt-Atzert, S. Krumm & M. Amelang (Hrsg.), *Psychologische Diagnostik* (S. 39-208). Berlin: Springer.doi:10.1007/978-3-662-61643-7

Krähenbühl, S. (2017). *Kreativität als Lernstrategie. Die Bedeutung für Lese- und Rechenkompetenzen in der Grundschule.* Wiesbaden: Springer.doi:10.1007/978-3-658-17285-5

Kubinger, K. D. (2003). Gütekriterien. In K. D. Kubinger & R. S. Jäger (Hrsg.), *Schlüsselbegriffe der psychologischen Diagnostik* (S. 195-204). Weinheim: Beltz PVU.

Laux, L. (2008). *Persönlichkeitspsychologie* (Grundriss der Psychologie, Bd. 11, 2. Aufl.). Stuttgart: Kohlhammer.

Lehmann, K. (2018). *Das schöpferische Gehirn. Auf der Suche nach der Kreativität – eine Fahndung in sieben Tagen.* Berlin: Springer.doi:10.1007/978-3-662-54662-8

Martindale, C. (1989). Personality, Situation, and Creativity. In J. A. Glover, R. R. Ronning & C. R. Reynolds (Hrsg.), *Handbook of Creativity* (S. 211-232). New York: Springer.doi:10.1007/978-1-4757-5356-1

Maurer, B. & Ingold, S. (2021). *MakerSpace. Raum für Kreativität. Design-Based Research-Projekt zur partizipativen Entwicklung einer Making-Lernumgebung in einer Primarschule.* Thurgau: Pädagogische Hochschule.

Mischel, W. (1977). The interaction of person and situation. In D. Magnusson & N. S. Endler (Hrsg.), *Personality at the crossroads: Current issues in interactional psychology* (S. 333-352). Hillsdale, NJ: Erlbaum.

Moosbrugger, H. & Kelava, A. (2020). Qualitätsanforderungen an Tests und Fragebogen („Gütekriterien"). In H. Moosbrugger & A. Kelava (Hrsg.), *Testtheorie und Fragebogenkonstruktion* (S. 13-38). Berlin: Springer.doi:10.1007/978-3-662-61532-4

Montag, C. (2016). *Persönlichkeit. Auf der Suche nach unserer Individualität.* Berlin, Heidelberg: Springer.doi:10.1007/978-3-662-48895-9

Neyer, F., Asendorpf, J. B. (2018). *Psychologie der Persönlichkeit* (6. Aufl.). Berlin, Heidelberg: Springer.doi:10.1007/978-3-662-54942-1

Palmer, C. (2016). *Berufsbezogene Kreativitätsdiagnostik. Beschreibung und Messung der personalen Voraussetzungen von Innovationen.* Wiesbaden: Springer.doi:10.1007/978-3-658-12433-5

Pokorni, B., Berthold, M. & Zwerina, J. (2022), Kreativitätsfördernde Arbeitsumgebung. In R. Hoogeveen (Hrsg.), *Interorganisationale kollaborative Gemeinschaftsforschung. Forschungscampus für den Automobilbau der Zukunft: ARENA2036* (S. 41-70). Berlin: Springer.doi:10.1007/978-3-662-62958-1

Preiser, S. (2011). Gestaltung eines kreativitätsfreundlichen Lernklimas. Befragungsinstrument und Trainingskonzept für pädagogische Fachkräfte. In C. Koop & O. Steenbuck (Hrsg.), *Kreativität: Zufall oder harte Arbeit?* (S. 28-35). Frankfurt: Karg-Stiftung.doi:10.25656/01:9116

Preiser, S. (2019). Erfassung kreativer Lernumgebungen. In J. S. Haager, T. G. Baudson (Hrsg.), *Kreativität in der Schule – finden, fördern, leben* (S. 207-218). Wiesbaden: Springer.doi:10.1007/978-3-658-22970-2

Psyndex (2023). *TBS-DTK-Testrezensionen.* Zugriff am 21.03.2023. Verfügbar unter https://psyndex.de/

Rammstedt, B. (2010). Reliabilität, Validität, Objektivität. In C. Wolf & H. Best (Hrsg.), *Handbuch der sozialwissenschaftlichen Datenanalyse* (S. 239-285). Wiesbaden: VS Verlag für Sozialwissenschaften.

Rauthmann, J. F. (2017). *Persönlichkeitspsychologie: Paradigmen – Strömungen – Theorien.* Berlin, Heidelberg: Springer.doi:10.1007/978-3-662-53004-7

Renneberg, B. (2019). Persönlichkeitsstörungen. In J. Margraf & S. Schneider (Hrsg.), *Lehrbuch der Verhaltenstherapie. Psychologische Therapie bei Indikationen im Erwachsenenalter* (S. 455-470). Berlin: Springer.doi:10.1007/978-3-662-54909-4

Rentzsch, K. & Schütz, A. (2009). *Psychologische Diagnostik. Grundlagen und Anwendungsperspektiven* (Bd. 16). Stuttgart: Kohlhammer.

Rhodes, M. (1961). An Analysis of Creativity. *The Phi Delta Kappan, 42(7)*, S. 305-310.

Rost, D. H. (2015). Das Konstrukt der Intelligenz. In D. H. Rost (Hrsg.), *Intelligenz und Begabung, Unterricht und Klassenführung* (S. 11-46). Münster: Waxmann.

Scherm, M. & Sarges, W. (2019). *360°-Feedback* (2. Aufl.). Göttingen: Hogrefe.doi:10.1026/03000-000

Schlenker, B. R. & Weigold, M. F. (1992). Interpersonal Processes Involving Impression Regulation and Management. *Annual Review of Psychology, 43(1)*, S. 133-168.doi:10.1146/annurev.ps.43.020192.001025

Schwaighofer, M., Heene, M. & Bühner, M. (2019). Grundlagen und Kriterien der Diagnostik. In D. Urhahne, M. Dresel & F. Fischer (Hrsg.), *Psychologie für den Lehrberuf* (S. 471-492). Berlin: Springer.doi:10.1007/978-3-662-55754-9

Simon, W. (2006). Teil A Einführung. In W. Simon (Hrsg.), *Persönlichkeitsmodelle und Persönlichkeitstests. 15 Persönlichkeitsmodelle für Personalauswahl, Persönlichkeitsentwicklung, Training und Coaching* (S. 59-56). Offenbach: Gabal.

Snyder, M. (1974). Self-monitoring of expressive behavior. *Journal of Personality and Social Psychology, 30(4)*, S. 526-537.doi:10.1037/h0037039

Spielberger, C. D. (1972). Anxiety as an emotional state. In C. D. Spielberger (Hrsg.), *Anxiety: Current trends in theory and research* (S. 23–49). New York: Academic Press.

Stern, W. (1912). *Die psychologischen Methoden der Intelligenzprüfung und deren Anwendung an Schulkindern.* Leipzig: Verlag von Johann Ambrosius Barth.

Stumpf, E. & Perleth, C. (2019). Intelligenz, Kreativität und Begabung. In D. Urhahne, M. Dresel & F. Fischer (Hrsg.), *Psychologie für den Lehrberuf* (S. 165-184). Berlin: Springer.doi:10.1007/978-3-662-55754-9

Thormann, H. (2023). *Kreatives Denken fördern. Selbstlernkurs.* Zugriff am 20.03.2023. Verfügbar unter https://www.heikethormann.de/kreatives-denken

Wolfe, R. N., Lennox, R. D. & Cutler, B. L. (1986). Getting along and getting ahead: Empirical support for a theory of protective and acquisitive self-presentation. *Journal of Personality and Social Psychology, 50*(2), S. 356-361.doi:10.1037/0022-3514.50.2.356